Op weg
naar het vuur

Eerder verschenen boeken
van Roel Brakenhoff:

De kunst om te zijn (2007)

Eiland zonder woorden (2007)

Oerboek (2008)

Spaans benauwd (2009)

Pad van de eenvoud (2010)

De kunst van de eenvoud (2014)

Blauwdruk (2016)

Texel De kunst van de eenvoud (2017)

Licht op weg (2017)

Op weg
naar het vuur

Roel Brakenhoff

Gedichten

Uitgeverij Casa de Sentidos

Op weg naar het vuur is een uitgave in eigen beheer van Casa de Sentidos, de persoonlijke uitgeverij van beeldend kunstenaar Roel Brakenhoff.

Afbeelding voorkant: "Op weg naar het vuur", schilderij van Roel Brakenhoff.
Techniek: acryl op berkenmultiplex.
Afmeting: 100 x 100 cm. Jaar: 2017.

Concept, tekst en vormgeving: Roel Brakenhoff
Druk: Lulu Press
Verspreiding: www.roelbrakenhoff.nl
ISBN 978-1-4709-0932-1

Voor informatie over de uitgever: www.roelbrakenhoff.nl

Roel Brakenhoff is beeldend kunstenaar. Hij schildert en schrijft onder het motto "De kunst van de eenvoud". *Op weg naar het vuur* is zijn derde gedichtenbundel. Eerder verschenen *De kunst van de eenvoud* (2014) en *Licht op weg* (2017). De gedichten in deze nieuwe bundel zijn niet eerder uitgebracht in boekvorm. Een aantal gedichten is onderdeel van in eigen beheer uitgegeven kunstkaarten.

Voorwoord

De derde gedichtenbundel is een feit. Dit keer wilde ik graag iets neerzetten dat een weg symboliseert. Misschien wel een lange weg. Naar het vuur, naar de levenskracht. Mijn gedichtenstroom gaat door. Met horten en stoten, dat moet ik er bij zeggen. Soms gebeurt er lange tijd niets, maar dan gaat alles gelukkig inderdaad weer door. Het lijkt het leven wel, als je geluk hebt. In mijn gedichten probeer ik alles zo klein en zo helder mogelijk te verwoorden. "Prachtig", hoor ik zo nu en dan. "Hoe krijg je het voor elkaar?", hoor ik ook weleens. "Het mooie is dat het teksten zijn die iemand echt een persoonlijk eind op weg kunnen helpen" zijn ook woorden die mij van tijd tot tijd bereiken. Ik was natuurlijk altijd blij en vereerd met deze complimenten en ook wel tevreden dat ik dit zo kon neerzetten. Maar op een gegeven moment kwam ik in een voor mij vreemd aanvoelende situatie terecht. Ik besefte dat veel mensen veel aan mijn gedichten, aan mijn gedichtenkaarten hadden, maar zelf kwam ik op een zijspoor terecht. Mijn eigen kunst raakte mij niet meer. Hoe kon dat nou? Terwijl ik zelf de ondersteuning die ik in mijn kunst legde, heel goed kon gebruiken. Hier klopt iets niet, begon ik te denken. Ik was in een positie terechtgekomen die ik misschien ooit wel had voorzien, ooit wel had voorvoeld, maar nu was het dus echt zover. En dat voelde vreemd. Unheimisch zoals de Duitsers zeggen. Het waren persoonlijke omstandigheden die mij hadden gebracht tot waar ik was. Dat klinkt enigszins vaag, vermoed ik. Het waren persoonlijke omstandigheden, die met familie en carrière te maken hadden. Of met geen familie en geen carrière te maken hadden, beter gezegd. De randen leken wat te rafelen. Hoe moest het verder? Dat het verder moest, dat stond voor mij vast. Of los. Want ondanks alles zie ik altijd toch een weg vooruit. Al is het een onverharde weg die door hevige regenval veranderd is in een modderpoel en daardoor in principe onbegaanbaar is. Al is het een weg in de duisternis. Ik zie hem toch. Het is het spel, of de strijd, tussen zon en regen. Tussen regen en zon. Met de natuur als bemiddelaar. Zo werkt het in de natuur en zo werkt het waarschijnlijk ook bij de mens. Het is een beetje een simpele metafoor - die van zon en regen - maar zo simpel is het eigenlijk ook. Ieder mens heeft er mee te maken. Zo'n modderpoel is helemaal niet zo erg. Maar veel mensen zijn toch bang voor modder. Of schamen zich voor modder. Terwijl modder in de familie, de carrière en de persoonlijke relaties misschien wel iets heel natuurlijks is. In de welness-sfeer wordt modder - dat weten we allemaal - als een heilzaam middel gezien. Dus wat willen we eigenlijk nog meer? Vertaald naar de figuurlijke modder, waar ik het hier met u over heb, zou het mooi zijn als we ook van deze modder de heilzame werking durven te ervaren.

Wat ik met dit boekje ook wil laten zien, aan de lezer en ongetwijfeld ook aan mijzelf, is dat levenskracht altijd wint. Levenskracht is een talent dat voor iedereen bereikbaar is. Dat talent is voor mijn gevoel niet iets wat je als strijdmiddel moet gebruiken, niet iets wat je moet inzetten om te sparren, zoals dat in het bedrijfsleven, de sport of de showbizz, om maar eens iets te noemen, gebeurt. Talent als competitief element. Nee, ik heb het over een vriendelijk talent dat je gewoon hebt of hebt ontwikkeld. Een talent waar je vrienden mee maakt, geen vijanden. Een talent waar je gebruik van kunt maken om iets goeds te doen in de samenleving, in de wereld. Een talent voor sociaal gedrag. Een talent dat is gevormd door zachtheid en goedmoedigheid en zich uit in goed kunnen luisteren en begripvol en empathisch meedenken. Een talent dat ver weg staat van bijvoorbeeld de Trumpiaanse methode, om maar eens een standpunt in te nemen. Een echt waardevol talent hebben is mooi. En niet getreurd of in paniek raken: iedereen heeft gelukkig een echt waardevol talent. Dit boekje is een uitnodiging aan iedereen om op zoek te gaan naar zijn of haar talent. Echt op zoek te gaan naar het echte talent in jezelf. Waarbij ik me afvraag, of liever gezegd waarbij ik sterk betwijfel of dat het talent moet zijn dat er op televisie in de zoveelste talentenshow wordt uitgetrokken. Soms moet je diep durven gaan om bij de echte talenten te komen en vaak helpt het om daarbij te vertrouwen op de eenvoud. Eenvoud is in heel veel gevallen heel eenvoudig het eenvoudigste medicijn. Het helpt je om alles helder te zien. Jezelf, de ander, je relaties, je werk, wat je wilt, niet wilt, wat je voelt en wat je niet voelt. Eenvoud is soms een hele kunst en kan worden tegengewerkt. Maar een krachtiger gevoel dan eenvoud is er eigenlijk niet te bedenken. In alle eenvoud je talent ontdekken en benutten. Een mooier vuurtje kan er wat mij betreft niet branden.

Roel Brakenhoff
De kunst van de eenvoud
Winter 2022

Op weg naar het vuur

kom ik krachten tegen

die mij heel diep laten graven,

die mijn adem benemen

en die mij laten zinken.

Maar dit zijn ook de krachten

die mij uiteindelijk,

heel licht en vol gloed,

uitnodigen

om mijn levenskracht,

mijn talent,

heel eenvoudig

te ontdekken.

Vurig houvast

Iedereen

heeft een talent,

vaak verborgen,

maar toch duidelijk

aanwezig.

Dat talent is

van jou

en helpt je op weg

naar waar je wilt

komen.

Laat dat vuurtje maar

met een gerust hart

branden.

Tevreden

Het is overigens

ook een kunst

om van talent

geen drukte

te maken.

Gevuld met stilte

en tevredenheid

gewoon zijn

wie je bent.

Dat is natuurlijk

het grootste talent

dat je kunt hebben.

Perspectief

Samen

de wereld in.

Op weg naar avontuur

en op zoek

naar het onbekende.

En daarna

met het grootste plezier

heel eenvoudig

samen

de kleinste dingen

beleven.

Een mooi vooruitzicht.

Hoop

Wie hoop heeft,

maakt gratis kans

op teleurstelling.

Zo word je eigenlijk

altijd een beetje bang

gemaakt en dus

een beetje van

de hoop afgehaald.

Maar hoop is ook

heel opbouwend

en zorgt voor

een hoop vertrouwen

en levenskracht.

Onsje minder

We gaan zo snel

met z'n allen.

Maar waarheen

eigenlijk?

Naar nog meer

van alles

wat we al hebben.

Als u het goed vindt,

dan rond ik het even af

naar beneden.

Naar rust,

verstilling

en bescheidenheid.

Recht

Wanneer de wereld

doordraait

en kronkelt naar

de meest duistere

kanten,

heb je

het volste recht

om helder

bij jezelf

te blijven,

bij het hart

van je gevoel.

Echt waar

Alles is

vaak anders

dan het lijkt.

Wat zien we

nog echt

en wat is waar?

De rechte lijn

loslaten,

dat is waar

het heel eenvoudig

om draait.

Boven alles

Het vuur van

je gevoel,

van je passie en

van je levenskracht

steekt uiteindelijk

met kop en schouders

altijd uit

boven het moeras

van zorgen, problemen

en andere

misverstanden.

En zo is het leven

natuurlijk

ook bedoeld.

Voorgevoel

Er is een tijd

van dromen

en er is een tijd

van gaan.

Eens

is het zover

en ga je

waarheen je wilt.

Zonder het te weten,

voel je,

heel duidelijk,

wanneer dat gaat

gebeuren.

Levensloop

Leven is

vallen

en weer opstaan

en misschien wel

plaats vergaan.

Maar hoe het ook loopt,

altijd gaat het

ergens naartoe.

Leven is

onderweg zijn

naar alle kracht

die er in je zit.

Zeg nu zelf

Je kunt

je hele leven

lang

aan iedereen

vertellen

wie je bent,

maar je kunt het

ook gewoon

zijn.

Zo ben je

heel eenvoudig

je eigen verhaal.

Zoeklicht

Wie zoekt

zal misschien

eerst verdwalen.

Maar wie verdwaalt,

beweegt

heel lichtjes

en zal dus

uiteindelijk

vol vuur

vinden.

Verhuizing

Het kan geen kwaad

om zo nu en dan

de drukte te ontlopen

en je zelf

te verplaatsen

naar een rustig plekje,

zodat je alles,

in de luwte,

op een rijtje kunt

zetten.

Daar wordt je ziel

gelukkig van.

Boot van verlangen

Op een dag

ging ik

naar Texel

en op een dag

ging ik

nog een keer

en op een dag

wil ik

er blijven.

Droomplan

Als je droomt

over een nieuwe stap

in je leven,

geef je vanzelf

op de een

of andere manier

vorm

aan die droom

en ontstaat er

langzaam

maar zeker

een plan

voor de werkelijkheid.

Levensmuur

Leven

is als een muur

waar je doorheen moet,

om binnen te komen.

Een muur die oud wordt,

verkleurt, afbrokkelt

en soms keihard is.

Maar ook een muur die

heel mooi

een levenswerk kan zijn

in al zijn kleuren,

oudheid,

verstening

en toch verandering.

Appverstand

Zij appt hem.

Hij appt haar

om de een of andere reden

niet terug.

Dat zit haar niet lekker.

Zij spreekt hem

via de app

daar op aan.

Hij appt haar

dat ze niet goed bezig is.

En zij appt hem

dat zij hem voorlopig

even niet meer hoeft te zien.

Zo app je zomaar iets.

Eerlijk delen

De brutalen

hebben de halve wereld,

zei mijn moeder altijd.

En altijd

bedacht ik mij

dat er dus,

gelukkig,

nog een andere helft

overblijft.

Een hele

geruststelling.

Hou vol

Voor alles

is een oplossing,

En al denk je

van niet,

denk dan maar niet.

Want denken

is niet alles.

Wie dieper durft

te voelen,

graaft heel eenvoudig

een oplossing

voor elk probleem.

Levenswerk

Leven

dat is buigen en barsten,

vallen en opstaan,

vaak langs diepe dalen

en over de

hoogste bergen.

Dat leven

laat je uiteindelijk,

altijd,

voelen

dat je goed

op weg bent.

Startbewijs

Je moet ergens

beginnen.

Dan kun je

het leven

ervaren

zoals het is

bedoeld.

Als een begin

voor alles

wat je

hoe dan ook

verder

brengt.

Levenspuzzel

Op het moment

dat alles

uit elkaar

lijkt te vallen,

zie je

opeens,

heel helder,

dat alle stukjes

eigenlijk

precies passen.

Geduld

Als je vastzit

in je gedachten,

kun je denken

wat je wilt,

maar ergens,

misschien wel dichtbij

en ooit,

misschien wel

vandaag,

voel je

dat het leven,

zonder dat je het weet,

veel losmaakt.

Geluk

Terug naar wat echt

belangrijk is.

Ik wilde het altijd al,

maar nu,

in deze bijzondere tijd,

is er geen keus.

Vanzelf ga je

heel eenvoudig op zoek

naar het broodnodige

in je leven.

Dat maakt gelukkig,

ik weet het zeker.

Waakvlam

Het vuurtje

in je eigen huis

juist nu laten branden.

Dat vraagt veel.

Hout en vertrouwen.

Een mens sprokkelt

wat af in het leven.

Genoeg om de vlam

niet te laten doven

en je te beschermen

tegen de grootste

obstakels.

Verbinding

In deze tijd

is het heel eenvoudig

een kwestie

van echt begrip hebben

voor de ander.

Verbondenheid

laat zich niet opsluiten,

je vindt het gewoon

op straat

en als je wilt,

kun je het elke dag

ontdekken.

Open

Alles is dicht.

De Hema, de Wibra

en de Action.

Geen rookworst meer,

geen plastic wasmand,

geen gezellig frutseltje.

Niets van dat alles,

maar wel veel rust,

stilte en bezinning.

Vanuit het hart,

dat blijft namelijk

altijd open.

Dichterbij

Elk jaar opnieuw

zoek je

een nieuwe weg.

En elk jaar opnieuw

kom je

steeds dichterbij,

dichter bij wat je past

en waar je je goed bij voelt.

Het vuurtje

gaat steeds sterker

branden.

Kunstzinnig

Het is mooi

om te ervaren

dat wat je zelf maakt

eigenlijk

voor de ander

is bestemd.

Je maakt iets

om jezelf

en de ander

te verbinden.

Zo kun je

kunst

zien.

Vier gedichten in deze bundel zijn onderdeel van de serie Lockdowngedichten en zijn ontstaan vanuit een vacuüm van ongewone rust en isolatie, namelijk de lockdown in 2020. *Geluk* pagina 61, *Waakvlam* pagina 63, *Verbinding* pagina 65, *Open* pagina 67.

Het gedicht *Dichterbij* op pagina 69 is afkomstig uit de serie Nieuwjaarsgedichten (2020).

Nawoord

Vol vuur heb ik deze bundel gemaakt. Ik had er weer zin in. Nieuwe gedachten, nieuwe gedichten. Die weer nieuwe gedachten geven. Het zet de boel weer even in beweging. In een wereld waarin alles heel snel gaat, neem ik met dit boekje even de tijd voor een rustige, kleine beweging. Niet de hele wereld veranderen, die tijd is voorbij. Wel bij jezelf blijven, bij de mensen (mijn gezin!), bij de dieren (onze hond!), bij de natuur (Texel!), bij de verstilling, de rust en de kracht. Dat is mijn doel met deze kleine bundel. Mijn vuurbundel.

Roel Brakenhoff
De kunst van de eenvoud
Voorjaar 2023

Om zijn boekprojecten te kunnen realiseren, heeft Roel Brakenhoff zijn eigen uitgeverij in het leven geroepen, genaamd Casa de Sentidos. Vrij vertaald uit het Portugees staat deze naam voor *Huis van Bezinning*.

Uitgeverij Casa de Sentidos
www.roelbrakenhoff.nl